AF267073

# DÉFENSE

## DU

# TRAITÉ DE COMMERCE

## AVEC L'ANGLETERRE

PAR

## M. DE FORCADE LA ROQUETTE

ANCIEN MINISTRE

—⚬—

**DEUXIÈME ÉDITION**

—⚬—

## PARIS

LIBRAIRIE GUILLAUMIN ET Cⁱᵉ, ÉDITEURS

De la collection des principaux Économistes, des Économistes et Publicistes contemporains
de la Bibliothèque des sciences morales et politiques, du Dictionnaire
de l'Économie politique, du Dictionnaire universel du commerce et de la navigation

RUE RICHELIEU, 14

—

1872

# DÉFENSE

## DU

# TRAITÉ DE COMMERCE

## AVEC L'ANGLETERRE

PARIS. — TYPOGRAPHIE A. HENNUYER, RUE DU BOULEVARD, 7.

# DÉFENSE

## DU

# TRAITÉ DE COMMERCE

## AVEC L'ANGLETERRE

PAR

## M. DE FORCADE LA ROQUETTE

ANCIEN MINISTRE

**DEUXIÈME ÉDITION**



# PARIS

## LIBRAIRIE GUILLAUMIN ET Cie, ÉDITEURS

De la collection des principaux Économistes, des Économistes et Publicistes contemporains
de la Bibliothèque des sciences morales et politiques, du Dictionnaire
de l'Économie politique, du Dictionnaire universel du commerce et de la navigation

RUE RICHELIEU, 14

—

1872

Le Gouvernement vient d'annóncer officiellement, dans le Message du 7 décembre, l'intention de dénoncer le traité de commerce avec l'Angleterre. Une résolution aussi grave accuse un changement radical dans la direction imprimée depuis dix ans à la politique commerciale du pays. C'est l'œuvre entière de la réforme économique qui est remise en question. J'ai concouru à cette réforme ; je l'ai défendue comme ministre et comme député ; je viens la défendre encore comme simple citoyen.

Bien qu'éloigné de la politique, je croirais manquer à un devoir si j'abandonnais une cause que j'ai soutenue lorsque j'étais au pouvoir. Plus je la sens compromise, plus je dois lui rester fidèle.

Cette publication n'est pas une œuvre inspirée par l'esprit de parti, mais par une conviction ancienne et sincère. Habitué à respecter le Gouvernement régulier du pays, j'ai toujours déploré les oppositions systématiques : je n'en donnerai pas l'exemple. Je dois, comme tous les bons citoyens, mon concours à l'Assemblée nationale. Elle a lutté courageusement, elle lutte encore contre les passions révolutionnaires. Je ne doute pas que l'expérience des difficultés du pouvoir ne la rende plus juste envers un gouvernement qui, pendant dix-huit ans, développa tous les éléments de la prospérité publique. Elle reconnaîtra elle-même l'effet fâcheux des récriminations inutiles. L'adversité est une épreuve pour les peuples comme pour les souverains ; ce qui relève les uns et les autres, ce qui honore même les vaincus, c'est la dignité dans le malheur.

Au milieu des discordes civiles et des douleurs patriotiques de la France, je ne saurais avoir d'autre pensée que de défendre des intérêts généraux gravement menacés, et je viens traiter une question où toutes les opinions politiques peuvent se rencontrer.

Malromé, 26 décembre 1871.

# DÉFENSE

## DU

# TRAITÉ DE COMMERCE

## AVEC L'ANGLETERRE

———

# PREMIÈRE PARTIE

### AVANTAGES DU TRAITÉ DE COMMERCE AVEC L'ANGLETERRE.

Avant d'entrer dans le fond du débat, il nous paraît nécessaire de rappeler quelques faits qui sont le point de. départ d'un examen sérieux et pratique des questions soulevées par le Message.

Au commencement de l'année 1870, le parti protectionniste demandait deux choses : la dénonciation du traité de commerce avec l'Angleterre et une enquête sur la situation de l'industrie.

Après une discussion approfondie, le Corps législatif se prononça, à une très-grande majorité, contre la dénonciation du traité de commerce. Par un autre vote, qui fut unanime, il décida, d'accord avec le Gouvernement, qu'il serait procédé à une enquête parlementaire.

Le parti protectionniste se fût contenté volontiers d'une enquête spéciale, dans laquelle on n'eût entendu que les industries qui se plaignaient du traité.

Le Corps législatif décida que l'enquête serait générale. Il s'agissait d'apprécier dans leur ensemble les résultats des conventions internationales qui contenaient des concessions et des avantages réciproques. On s'expliqua aussi nettement que possible à ce sujet dans la discussion. On devait entendre tour à tour ceux qui critiquaient le traité et ceux qui l'approuvaient, ceux qui prétendaient en avoir souffert et ceux qui affirmaient en avoir profité.

Dans la séance du 24 janvier 1870, je m'efforçais, en répondant à M. Thiers, de tracer, d'accord avec lui, le programme de l'enquête. Je disais qu'il ne suffirait pas d'entendre les fabricants et les industriels qui bénéficiaient autrefois du régime prohibitif ou des protections exagérées. J'insistais sur la nécessité d'entendre également les représentants des grandes industries manufacturières ou agricoles qui, grâce au traité, avaient trouvé des débouchés nouveaux sur les marchés de la Grande-Bretagne.

J'indiquais les Sociétés d'agriculture, les Chambres de commerce, les négociants des ports, les commissionnaires des grandes villes. M. Thiers m'interrompit dans cette énumération pour dire qu'il convenait d'entendre tout le monde. Je relevai l'interruption en ces termes : « Nous sommes d'ac« cord, monsieur Thiers, et permettez-moi de constater cet « accord devant la Chambre; il y aura à cela profit pour « l'enquête. »

Pénétrée de l'esprit qui avait dominé la discussion, la commission parlementaire y conforma son programme. Elle répartit le travail entre quatre sous-commissions. La première fut chargée de l'enquête sur les industries textiles; la seconde, de l'enquête sur l'industrie métallurgique. La troisième eut dans ses attributions l'agriculture et les industries qui s'y rattachent les vins : les eaux-de-vie, les céréales, les bestiaux ; c'était la plus nombreuse. La quatrième devait s'occuper des chemins de fer, des canaux, de toutes les industries de transport, si intéressées à la liberté du commerce, aux relations internationales, aux opérations de transit et d'entrepôt. La marine marchande fut seule exceptée ; elle faisait l'objet d'une enquête spéciale qui se poursuivait en même temps que l'enquête générale sur les effets du traité de commerce.

L'enquête générale ne put commencer que dans les derniers jours du mois de mars ; la guerre l'interrompit au commencement de juillet. On avait entendu d'abord les représentants de l'industrie du coton et de la laine. L'enquête commençait à peine pour l'industrie de la soie. Les principaux représentants de la fabrique lyonnaise n'avaient pas encore déposé lorsque la guerre éclata.

Ainsi la commission parlementaire de 1870 n'a entendu ni les représentants de la plus riche de nos industries textiles ni ceux de l'industrie métallurgique. Les Sociétés d'agriculture n'ont pas été appelées. Paris, Lyon, Bordeaux, Montpellier, Marseille et les départements de l'Ouest, du Centre et du Midi n'ont pu défendre leurs intérêts. La première commission d'enquête n'avait pas achevé son œuvre ; les trois autres avaient préparé leurs questionnaires, mais n'avaient encore entendu aucun témoin.

C'est dans cette situation, en présence d'une enquête absolument incomplète et insuffisante, que le Gouvernement, après avoir engagé une négociation qui n'a pas réussi, propose à l'Assemblée nationale de dénoncer le traité de commerce avec l'Angleterre.

Le délai fixé pour la dénonciation expire dans les premiers jours de février 1872. Le traité aura donc cessé d'exister dans quarante jours, à moins que l'Assemblée nationale n'y mette obstacle. Pour tous les partisans de la réforme économique de 1860, pour tous les intérêts manufacturiers ou agricoles qui ont profité du traité de commerce, le danger est considérable, il est imminent.

Les avantages qui leur sont assurés par le traité de commerce sont compromis, très-gravement compromis. Pour s'en convaincre, il ne s'agit pas de discuter théoriquement la protection et le libre échange ; il suffit de se reporter à des faits qui ne remontent pas au delà de dix ans, il suffit de rappeler les tarifs qui grevaient nos produits en Angleterre avant 1860.

Par le traité qui fut signé le 23 janvier 1860, le gouvernement anglais abandonnait des taxes fiscales qui portaient sur 151 acticles de douane et produisaient au trésor britannique un revenu important. Il ne put faire cette concession qu'à cause de l'extinction de dettes temporaires contractées à longue échéance et arrivant à terme pour une somme annuelle d'environ 50 millions.

Il abandonna notamment des droits sur les soieries qui variaient de 5 à 10 pour 100 et donnaient un revenu annuel de 6 275 000 francs.

Les ouvrages en bronze ou en imitation de bronze étaient assujettis à une taxe de 24 fr. 60 par 100 kilogrammes.

Les modes et les fleurs artificielles étaient frappées d'un droit de 50 fr. 40 par mètre cube à l'emballage.

Les droits établis sur la ganterie, les ouvrages en peau et en cuir, qui sont également très-recherchés par la société anglaise, s'élevaient jusqu'à 10 pour 100. Des droits analogues étaient imposés à la plupart des articles de l'industrie parisienne et notamment à l'horlogerie, à la bijouterie, à la tabletterie, à la parfumerie, etc.

Le budget anglais a perdu le produit de toutes ces taxes, qui avaient le caractère de droits fiscaux bien plus que de droits protecteurs.

Mais c'est surtout pour les vins et les eaux-de-vie que le traité de commerce avait stipulé des conditions de tarification toutes nouvelles. Avant 1860, le droit à l'importation des vins de France en Angleterre s'élevait au chiffre énorme de 151 fr. 32 par hectolitre. La barrique bordelaise, qui jauge 225 litres, était donc soumise à un droit d'entrée qui dépassait 340 francs. Un pareil tarif empêchait l'importation des vins ordinaires en Angleterre. Les grands vins de Champagne, de Bordeaux et de Bourgogne pouvaient seuls supporter des taxes aussi écrasantes. Par le traité de commerce, le droit sur les vins a été réduit à 27 fr. 50. Sous l'influence des anciens droits, l'importation en Angleterre des vins de France était très-limitée et très-peu progressive. En 1827, elle n'était que de 29 000 hectolitres ; en 1858 et 1859, elle n'arrivait qu'à une moyenne de 56 000 hectolitres par an.

Depuis le traité, la progression s'accuse rapidement. L'exportation des vins de France à destination d'Angleterre atteint 210 000 hectolitres en 1867 et 263 000 en 1868. Elle avait doublé à peine pendant les trente années antérieures au traité de commerce ; elle a quadruplé en dix ans depuis le traité. Tous ceux qui sont au courant des affaires commerciales savent combien il est difficile de faire pénétrer des habitudes nouvelles de consommation dans un pays. Autrefois l'aristocratie anglaise consommait à peu près seule les vins de France ; ils commencent à être connus et appréciés par la bourgeoisie des villes, grâce à l'abaissement des droits. On peut trouver à Londres, à Liverpool, des vins ordinaires de France au prix de 1 franc, 1 fr. 50, 2 francs la bouteille. Des efforts sérieux étaient faits par des négociants anglais et français pour généraliser autant que possible l'usage des vins et les substituer aux boissons fortement alcoolisées, si dangereuses pour la santé comme pour la moralité des populations. Avec la sécurité que donnait le traité de commerce aux relations internationales, ces tentatives devaient favoriser le développement des résultats déjà obtenus. On consomme en France 100 litres de vin en moyenne par tête d'habitant. La moyenne de la consommation, qui n'était, en Angleterre, que de 1 litre par tête avant 1860, s'élevait déjà à 5 litres en 1870. On voit qu'un progrès sérieux était déjà fait, mais qu'il en restait encore beaucoup à faire. J'admets que chez nos voisins la bière et le thé font au vin une concurrence qui ne permet pas d'espérer jamais une consommation qui approche de celle de la France. Mais une population aussi aisée, aussi laborieuse que celle des Trois-Royaumes améliore sans cesse ses conditions de bien-être, et la population plus pauvre et moins active de la Suisse et de l'Autriche est déjà arrivée à une consommation de 50 à 60 litres par tête d'habitant.

A côté des vins, il faut placer les eaux-de-vie dont la production enrichit les deux Charentes et réussit également dans plusieurs départements du Midi, tels que le Lot-et-Garonne, le Gers et l'Hérault.

Le droit qui grevait les eaux-de-vie avant le traité de commerce était de 412 fr. 72 par hectolitre. Il a été réduit par le traité à 218 fr. 10. Ce droit est encore élevé sans doute, mais ce n'est pas un droit de douane spécial aux produits étrangers. C'est un droit de consommation intérieure que payent sans distinction les eaux-de-vie étrangères et les eaux-de-vie d'origine anglaise.

Malgré l'incontestable supériorité des eaux-de-vie françaises, elles ne payent donc aucune surtaxe qui ait le caractère de droit protecteur. Aussi le commerce des eaux-de-vie que les ports de la Rochelle et de Bordeaux font avec les ports anglais a-t-il réalisé des bénéfices considérables depuis dix ans, et la propriété foncière en a beaucoup profité. Dans les années qui ont précédé le traité de commerce, la moyenne de l'importation des eaux-de-vie en Angleterre représentait, comme valeur, une vingtaine de millions de francs. L'importation a dépassé 45 millions en 1867. C'est un débouché pour 140 000 hectolitres environ d'eaux-de-vie ramenées à l'alcool pur. Les Anglais achètent nos eaux-de-vie, non-seulement pour la consommation des tables riches, mais aussi pour des mélanges avec les eaux-de-vie de grains dans le but d'obtenir, au moins à un certain degré, le bouquet des eaux-de-vie de Cognac. Nos eaux-de-vie de France trouvent en Angleterre un débouché qui à lui seul est deux fois plus grand que les débouchés offerts par tous les autres Etats de l'Europe, l'Amérique et le reste du monde.

Tel est, en résumé, le bilan des avantages précis, directs, assurés à la France par le traité de commerce. Je ne fais pas entrer ici en ligne de compte les avantages indirects tels que les profits des transports par chemins de fer, par canaux, par mer, le mouvement des affaires et des entrepôts. L'achat d'un produit facilite la vente d'un autre produit, la consommation appelle la consommation, les affaires s'engendrent les unes les autres, et le commerce trouvait depuis dix ans, dans les débouchés ouverts par le traité, des sources abondantes de prospérité. On peut en juger par les chiffres suivants. Pendant les trois années 1827, 1828 et 1829, la moyenne de notre commerce avec l'Angleterre n'était que de 80 millions par an. Vingt ans plus tard, en 1846 et 1847, la moyenne annuelle n'atteint pas 200 millions. On se rappelle la prospérité des premières années de l'empire; la moyenne annuelle s'élève à 700 millions en 1856, 1857 et 1858. Arrive le traité de commerce; le progrès prend des proportions jusque-là inconnues. Notre commerce avec l'Angleterre dépasse 1 800 millions en 1866.

Nous jouissons de ce magnifique mouvement de commerce et d'affaires comme de ces richesses acquises dont on a oublié l'origine, et dont la perte semble devoir être impossible. Faut-il compter pour rien, dans cette prospérité passée, le traité de commerce qui a levé tant de barrières et ouvert de si larges débouchés?

Lisez avec attention le Message du 7 décembre; vous n'y trouverez pas un mot sur les avantages que le traité de commerce a procurés à la France. Le Gouvernement ne peut les ignorer, il doit attacher un grand prix à les conserver. A-t-il négocié à ce sujet? A-t-il obtenu quelque promesse, quelque garantie qui permette d'espérer que nous n'aurons pas à payer bientôt en Angleterre des droits sur nos soieries et des surtaxes sur les vins et les eaux-de-vie? Ce sont des produits français, au même titre sans doute que les fils et les tissus fabriqués avec les cotons de l'Amérique ou de l'Inde. On ne demande aucune protection pour ces produits de notre sol, qui intéressent plusieurs millions de propriétaires et d'ouvriers. On demande seulement que, pour protéger d'autres intérêts, on ne leur ferme pas les dé-

bouchés que leur avait ouverts le traité de 1860. On ne réclame pas pour eux un tarif de faveur, on se borne à rappeler que l'intérêt de la justice et de la bonne politique ne
permet pas de sacrifier, sans les entendre, les intérêts de
Paris, Lyon, Saint-Étienne et de soixante et dix départements
qui travaillent la vigne et la soie.

Il y a une autre observation que tout le monde a pu
faire en lisant le Message, c'est que le Gouvernement a demandé des concessions à l'Angleterre sans lui rien offrir,
comme s'il s'agissait d'un contrat unilatéral qui n'a été
pour la France qu'une lourde charge et ne lui a procuré
aucun avantage. Dans les traditions ordinaires des négociations internationales, lorsqu'un Gouvernement demande des
modifications à un traité de commerce, il propose des combinaisons qui tiennent compte de la situation des deux parties contractantes et procurent une certaine réciprocité d'a-
vantages.

Nous savons ce que la France a demandé. Nous ignorons
ce qu'elle a pu offrir, et cependant, sans compromettre aucun
intérêt, sans sacrifier aucune industrie, on pouvait facilement
offrir à l'Angleterre certaines diminutions de tarifs que nous
serons obligés de faire spontanément dans notre propre intérêt. Nous en citerons plusieurs dans la suite de ce travail.

Il semble que l'Angleterre soit hors d'état d'exercer contre
nous aucune représaille et que nous ayons la certitude de
pouvoir augmenter nos tarifs, sans qu'elle ait le droit de
modifier les siens. On se félicite de recouvrer sa liberté d'ac-
tion comme si l'Angleterre ne recouvrait pas en même temps
la sienne. On semble faire le procès aux traités de commerce
comme s'ils n'avaient pas leur intérêt et leur raison d'être,
comme s'ils n'étaient pas le meilleur moyen d'établir entre

deux pays indépendants l'un de l'autre les garanties nécessaires à la sécurité de leur commerce et à la conservation des
débouchés qui profitent à leur agriculture et à leur industrie.

Je reconnais sans peine que, malgré la dénonciation du
traité, le Gouvernement anglais ne changera pas sa politique
commerciale pour revenir au système des droits protecteurs.
Mais l'Angleterre n'a pas renoncé aux taxes fiscales et aux re-
cettes de douanes. Elle maintient des droits très-élevés sur les
thés, les sucres, les cafés, les alcools. Ce n'est pas au régime
protecteur qu'elle a renoncé par le traité de commerce, elle
avait abandonné ce système bien avant 1860. Elle a renoncé
par le traité à des taxes fiscales qui fournissaient des res-
sources à son budget. Elle a réduit dans des proportions
considérables des surtaxes qui existaient sur des produits
comme les eaux-de-vie et les vins, qui payent des impôts
partout, et qui en payent en France de très-élevés. Supposez que l'Angleterre se trouve en présence de nécessités
financières qui exigent un surcroît d'impôts ; supposez une
guerre onéreuse avec la Chine ou une insurrection dans
l'Inde, la France sera fort exposée à en payer les frais. En
rétablissant les anciennes surtaxes sur nos vins, le Gouvernement anglais se procurerait 25 millions. Les soieries don-
neraient maintenant 10 millions au lieu de 6. Les eaux-
de-vie, les produits agricoles, les articles de Paris feraient
facilement encore une vingtaine de millions. Avec le traité
de commerce tous ces dangers étaient impossibles ; nous y
serons exposés demain.

Il ne faut pas se dissimuler qu'il y a en Angleterre un parti
puissant qui sera tout disposé à pousser le Gouvernement
anglais dans la voie que je signale avec une crainte sérieuse
et quelque expérience à l'attention de nos négociateurs. Il y

a un parti protectionniste en Angleterre comme en France, il s'appuie surtout sur la propriété foncière et sur les fermiers. Or ni les propriétaires ni les fermiers anglais ne voient avec plaisir importer sur les marchés britanniques des quantités considérables de bestiaux, de volailles, de fromages, de beurre, d'œufs, de fruits de tout genre, pour une valeur de plus de 200 millions. Les brasseurs se consoleraient facilement des surtaxes sur nos vins. Les fabricants d'alcool de grains n'ont aucun goût pour les eaux-de-vie de Cognac. Les industries de luxe, de mode et de fantaisie, à Londres, se passeraient volontiers de la concurrence de l'industrie parisienne. Dans les fabriques de soie de Coventry, on applaudirait aux surtaxes sur les soieries de Lyon et de Saint-Etienne.

Il y a beaucoup de personnes en Angleterre qui n'aiment pas le traité de commerce parce qu'il froisse leurs intérêts. M. Gladstone lui-même en est beaucoup moins partisan qu'on ne le suppose. J'ai recueilli ses impressions pendant un voyage qu'il fit à Paris, à l'époque de l'exposition universelle.

Le génie de la France brillait alors de tout son éclat. Nous occupions le premier rang dans le monde, non par des victoires, où la ruse et le nombre ont plus fait que le courage, mais par notre supériorité dans les industries et les arts qui honorent la civilisation moderne. Les mauvaises passions qui la menacent étaient contenues. Maître encore de la situation à l'intérieur, l'Empereur jouissait en Europe d'une autorité considérable. Tous les souverains accouraient à Paris, qui semblait alors la capitale du monde. Ce fut un moment unique dans notre histoire, une de ces heures fugitives de grandeur que Dieu accorde aux nations. Dans ma retraite, j'en garde pieusement le souvenir comme une consolation dans nos malheurs.

Un banquet fut offert à M. Gladstone. J'y assistai et j'entendis le discours qu'il prononça en anglais à la fin du repas. M. Gladstone, en faisant appel aux sentiments et aux intérêts qui rapprochaient la France et l'Angleterre, insista beaucoup sur l'élévation des tarifs établis par le traité de commerce. Il voyait dans ce traité un progrès sur le passé, mais un progrès fort insuffisant. Il considérait qu'il avait produit peu de résultats matériels pour l'Angleterre et qu'il avait, au contraire, beaucoup profité à l'importation de nos produits agricoles et manufacturés.

M. Gladstone n'aurait pas pris l'initiative de la dénonciation du traité de commerce, mais je doute que la menace de la dénonciation l'ait beaucoup ému. Le Message me confirme dans cette pensée. Il nous apprend que les négociateurs anglais n'ont pas accepté la discussion sur les détails des tarifs dont nous demandions la modification. Ils se sont bornés à opposer une raison de principe. Ils ont répondu, suivant les termes mêmes du Message, « que l'Angleterre, en accé-« dant à notre désir, semblerait abandonner ses principes et « se prêter à un retour en arrière de la part de la principale « nation industrielle du continent ».

Il ne faut pas se faire d'illusion. Une pareille réponse montre assez que le Gouvernement anglais est bien loin d'attacher l'importance qu'on suppose au traité de commerce. Il n'entre pas dans les discussions de chiffres; il ne veut pas nous suivre dans les calculs de tarifs. Il ne prend pas en considération nos plaintes pour les discuter avec nous.

Il nous oppose une raison de principe. Cette raison, ajoute M. Thiers, ne nous a pas convaincu. Je le crois facilement;

mais M. Thiers ne saurait se dissimuler non plus que ses demandes n'ont pas exercé beaucoup d'impression sur M. Gladstone.

Il ne pouvait, hélas ! en être autrement. M. Thiers et M. Gladstone sont deux esprits éminents, mais ils ne se convaincront jamais. Ils n'ont pas les mêmes idées en économie politique et sont séparés par leurs principes.

A une autre époque, il y avait bien entre les négociateurs anglais et français des points de vue divergents, commandés par la situation différente des deux pays ; mais il y avait une pensée commune et une confiance réciproque. On poursuivait le même but : celui de faciliter les échanges internationaux. On discutait, on entrait dans l'examen détaillé des tarifs. J'ai vu M. Cobden et M. Rouher discuter quinze jours sur un chiffre ; aujourd'hui on ne discute pas avec le Gouvernement français. On se borne à lui répondre : Il y a entre nous une question de principe. Ce qui peut se traduire ainsi en termes plus familiers : Il est inutile de discuter, nous ne pouvons nous entendre. Nous marchons en sens contraire ; comment pourrions-nous nous rencontrer? Suivez votre route, je reste dans la mienne.

Aussi, dans l'état actuel des choses, entre le Gouvernement français et le Gouvernement anglais, la rupture est bien définitive en ce qui concerne le traité de commerce. L'Assemblée nationale seule peut l'empêcher, d'abord en s'opposant à la dénonciation du traité, et ensuite en modifiant les conditions dans lesquelles les négociations ont été engagées et suivies. Si l'on juge des modifications de tarif absolument indispensables, il ne faut les demander qu'en offrant à l'Angleterre des combinaisons nouvelles qui tiennent compte de ses intérêts.

Nous indiquerons ces combinaisons dans le cours de cette discussion, mais nous devons examiner d'abord jusqu'à quel point les industries du coton, du lin et de la laine ont intérêt à demander la dénonciation du traité, et s'il y a urgence, une urgence extrême, à les satisfaire.

# DEUXIÈME PARTIE

INDUSTRIES QUI SE PLAIGNENT DU TRAITÉ DE COMMERCE.

Dans la première partie de ce travail, nous avons rappelé l'importance des avantages assurés à la France par le traité de commerce avec l'Angleterre. A la faveur des diminutions ou des suppressions de droits consenties en 1860 par le Gouvernement de la Grande-Bretagne, l'exportation de nos soieries, de nos vins, de nos eaux-de-vie, des articles si variés et si élégants de l'industrie parisienne a pris un développement considérable. Notre agriculture a trouvé pour tous ses produits des débouchés toujours croissants sur le marché britannique. Le commerce général de la France ainsi que toutes les industries du transport ont profité de l'impulsion rapide donnée au mouvement des transactions et des affaires.

En regard de cette masse d'intérêts satisfaits, il faut placer les industries dont la situation et les plaintes paraissent, dans la pensée du Gouvernement, justifier un acte aussi considérable que la dénonciation, et par suite la rupture des conventions internationales de 1860.

Ce n'est pas sans regret que je me vois obligé de discuter les intérêts et les témoignages d'un certain nombre de fabricants distingués qui ont déposé dans l'enquête de 1870. Je n'entends méconnaître ni l'importance ni les services de leurs industries. Je ne conteste pas les difficultés qu'un changement de régime économique a pu leur imposer. Mais je considère que la réforme économique de 1860 était commandée par l'intérêt public. Les difficultés qui ont pu en être la conséquence étaient inévitables et ont été, selon moi, fort exagérées. Le devoir des gouvernements fermes et éclairés est de satisfaire les intérêts généraux du pays et de ne pas se laisser dominer par des intérêts collectifs, respectables sans doute mais relativement limités. Trop longtemps quelques industries, protégées par la prohibition ou par des tarifs de faveur, avaient exercé une influence prépondérante sur le Gouvernement de la France ; une politique commerciale nouvelle était devenue nécessaire et pouvait s'accomplir au milieu de la prospérité générale du pays.

Le Message du 7 décembre explique que les négociations engagées avec le Gouvernement anglais avaient seulement pour objet de demander des augmentations de tarifs pour trois de nos industries textiles : l'industrie du coton, de la laine et du lin.

Aucune demande d'augmentation n'a paru nécessaire pour d'autres industries importantes ; elles n'ont pas été comprises dans les négociations. Ainsi le Gouvernement indique nettement qu'aucune modification de tarif n'a été proposée pour les fers et leurs dérivés, pour la houille, les produits chimiques, la verrerie, la cristallerie, la céramique, les lainages unis, les poissons frais ou salés, enfin, suivant les termes mêmes du Message, pour la plus grande partie de nos échanges.

Nous nous trouvons donc seulement en présence de trois industries textiles ; encore convient-il d'observer que la plus importante des trois, l'industrie de la laine, est désintéressée elle-même pour une grande partie de sa fabrication, pour les lainages unis.

L'industrie dont les réclamations et les plaintes ont été les plus vives est assurément la filature du coton ; voyons la valeur de ses plaintes.

La filature du coton se plaint de l'insuffisance des tarifs établis par le traité de commerce ! Mais ces tarifs sont les plus élevés de l'Europe, excepté ceux de l'Espagne et de la Russie. Non-seulement la Belgique, la Suisse, le Zollverein ont des tarifs inférieurs, mais l'industrie cotonnière en Italie et en Autriche se contente d'une protection moins élevée que la protection accordée aujourd'hui à la filature du coton en France ; cette protection est de 15 pour 100, avec un tarif spécifique.

La filature du coton se plaint des importations de filés anglais ! Ces importations n'ont pas dépassé 6 millions en moyenne, en 1867, 1868, 1869 ; or la production de la filature de coton a été fixée approximativement dans l'enquête à 450 millions. L'importation anglaise représente moins de 2 pour 100 de la production nationale.

Si les modifications proposées au tarif ont pour but de supprimer une importation aussi modérée, on veut en réalité des tarifs prohibitifs ; autant rétablir la prohibition elle-même. On condamne le mot, mais on veut garder la chose.

La filature de coton insiste surtout sur la différence des prix de revient en France et en Angleterre. Les houilles sont plus chères à Rouen qu'à Manchester ; les machines à filer et à tisser se vendent à meilleur marché de l'autre côté du détroit ; tout cela est vrai, mais le droit protecteur de 15 pour 100 a pour but de compenser ces différences ; et, chose remarquable, elles existent pour la filature de la laine comme pour la filature du coton, et cependant, dans ses principales branches de production, l'industrie de la laine prospère avec un simple droit de 10 pour 100.

L'enquête a eu surtout pour résultat de mettre en lumière ce contraste singulier entre la situation de l'industrie du coton et la prospérité de l'industrie de la laine. Les témoignages des déposants et les documents de tout genre ramenaient sans cesse l'attention sur cette différence. Pendant la guerre d'Amérique, les approvisionnements de coton furent bientôt épuisés, il y eut en Europe une disette véritable de ce précieux textile. Après la défaite du Sud, les plantations de coton se trouvèrent en partie ravagées par la guerre et en partie détruites par l'insurrection des nègres et l'abolition de l'esclavage ; le coton, qui avait atteint des prix fabuleux en 1864, 1865, 1866, ne revenait que très-lentement et très-difficilement aux prix et à la production d'autrefois ; pendant ce temps, l'importation de la laine d'Australie et de la Plata prenait un développement considérable. L'industrie lainière trouvait sa matière première en abondance et à bon marché au moment même où le coton diminuait en quantité et augmentait en valeur ; lorsque le coton commença à reparaître en quantité suffisante, l'industrie cotonnière rencontra la concurrence de l'industrie de la laine, qui s'était emparée d'une partie de sa clientèle. L'équilibre se rétablissait difficilement entre ces deux industries.

Les représentants de l'industrie cotonnière eux-mêmes étaient divisés. L'enquête s'est ouverte par une lutte très-vive entre les filateurs et les fabricants de tissus imprimés. Ils n'étaient d'accord ni sur les prix de revient ni sur les causes des épreuves qu'avaient traversées l'industrie cotonnière ; les uns attribuaient surtout ces épreuves à l'insuffisance des tarifs, les autres à la guerre d'Amérique. Les uns attaquaient le traité de commerce, les autres le défendaient. Ceux-ci repoussaient les admissions temporaires de tissus étrangers destinés à la réexportation après la teinture et l'impression ; ceux-là affirmaient que ces admissions temporaires étaient indispensables à la prospérité des belles industries de la teinture et de l'impression des étoffes.

Membre de la commission d'enquête nommée par le Corps législatif, j'ai suivi avec la plus grande attention ces dépositions diverses. J'étais frappé de l'intelligence et de l'habileté de ces grands industriels, qui défendaient à merveille leurs intérêts et leurs opinions, souvent contradictoires. Le plus remarquable d'entre eux était assurément M. Pouyer-Quertier. Il se multipliait dans l'enquête de 1870 ; il intervenait sans cesse dans le débat avec une verve et un talent incontestables. Il aimait à répéter qu'il n'était pas un théoricien, mais un filateur de coton ; qu'il avait bien le droit de parler, car nul plus que lui n'était intéressé dans la question. Rien n'était assurément plus vrai. Aussi nous écoutions tous M. Pouyer-Quertier avec l'attention que méritaient ses convictions, ses intérêts et son expérience. Qui de nous eût pu prévoir alors qu'il serait appelé quelques mois après au ministère des finances, et qu'il lui était réservé de faire prévaloir ses idées dans la direction supérieure du service des douanes ?

Mais ce qui était encore bien plus loin de nos prévisions, c'était la pensée des malheurs de la France. Parmi les déposants que nous entendions figuraient les grands industriels de l'Alsace, MM. Dolfus, Steinback, Gros, Schlumberger, et tant d'autres également éminents par l'intelligence et par les services rendus au pays.

L'industrie alsacienne représentait à peu près un tiers de la fabrication du coton en France. Elle nous échappe, et les fabriques de Normandie comme celles du Nord verront augmenter leur clientèle. Elles profiteront de cette situation nouvelle, tout en déplorant la cause qui l'a produite.

La France, qui possédait près de 7 millions de broches de filature de coton, en perd 2 millions environ. Les établissements qui restent en possession du marché français suffisent à peine pour fabriquer les tissus nécessaires à la consommation intérieure.

L'enquête a démontré que, dans ces dernières années, l'industrie alsacienne avait diminué la fabrication des numéros fins et mi-fins pour se livrer à la fabrication des numéros plus bas, que l'on file surtout en Normandie. Le moment est-il vraiment bien choisi pour augmenter les tarifs qui protègent l'industrie du coton ? Des faits inattendus, bien tristes, hélas ! préparent à l'industrie cotonnière une situation nouvelle. Ne convient-il pas d'observer ces faits avant de prendre des résolutions extrêmes et définitives ? Pourquoi précipiter la dénonciation du traité de commerce ? Non-seulement il n'y a pas d'urgence, mais le bon sens et la prudence la plus ordinaire commandent de ne pas faire coïncider brusquement une augmentation de tarifs avec une diminution considérable dans les moyens de production.

L'industrie de la laine est à l'égard du traité de commerce dans une situation très-différente de l'industrie du coton. Le Message le reconnaît et déclare qu'il convient de ne demander aucune augmentation de tarif pour les lainages unis. On le comprendra sans peine en songeant que nos exportations à l'étranger de fils et tissus de laine est un des principaux éléments de notre commerce extérieur. Nous avons exporté en 1867, 1868 et 1869, en moyenne, dans les diverses parties du monde, une quantité de fils de laine blancs ou teints, de tissus de tout genre, draps, mérinos, étoffes mélangées, qui représente dans son ensemble des valeurs s'élevant à 275 millions de francs. Comment songer à augmenter les tarifs protecteurs au profit d'une industrie qui fait aux étrangers, même aux Anglais sur leurs propres marchés, une concurrence aussi redoutable?

L'Angleterre seule nous a acheté en 1869 pour 65 millions d'étoffes de laine?

Plusieurs fabricants de laines entendus dans l'enquête, et entre autres M. le baron Sellière, grand industriel dans la Moselle, MM. Bousis et Legrand, filateurs et fabricants de tissus à Fourmies, se sont montrés très-favorables au nouveau régime économique. M. Legrand attribuait aux facilités commerciales créées par le traité de 1860 le développement de la filature de laine dans sa contrée, qui ne possédait que 120 000 broches en 1860 et qui en possède aujourd'hui 320 000. M. le baron Sellière demandait qu'on allât plus loin que le traité de commerce, et qu'on se plaçât résolûment sur le terrain du libre échange.

Mais si une grande partie de l'industrie lainière ne paraît pas redouter la concurrence anglaise, si le Gouvernement reconnaît que les lainages unis n'ont besoin d'aucune protection nouvelle, il se préoccupe beaucoup, au contraire, de l'importation croissante des étoffes mélangées de laine et de coton, qui sont fabriquées à Bradford.

L'industrie moderne est arrivée à créer depuis quelques

années, par le mélange de la laine et du coton, une étoffe d'un bon marché extraordinaire, chaude, point salissante, qui peut convenir à toutes les classes de la population, mais qui convient surtout à la plus pauvre.

Ces étoffes mélangées ont en partie remplacé les cotonnades, et notamment les indiennes.

Roubaix les produit avec succès, si bien que depuis le traité de commerce sa fabrication a doublé et que sa population a augmenté d'un quart. Mais Roubaix, qui faisait à la fabrique de coton une concurrence active et fructueuse, a rencontré à son tour des concurrences habiles à Bradford.

L'importation anglaise des étoffes mélangées s'est élevée en 1868 et 1869 jusqu'à 35 et 40 millions. La discussion qui eut lieu au Corps législatif en 1870 mit ces faits en relief. C'était une des questions qui se recommandaient particulièrement à l'attention de la commission parlementaire. Elle entendit tour à tour les fabricants de Roubaix et les chefs des grandes maisons de vente de Paris, qui achètent les étoffes françaises et anglaises.

Cette partie très-intéressante de l'enquête donne lieu de penser que la faveur dont jouissent en ce moment les tissus de Bradford tient surtout à des qualités particulières dans l'apprêt de certains fils de laine. Les fabricants de Roubaix sont assez habiles pour ne point laisser cette supériorité passagère aux fabricants de Bradford.

Mais ce qui est résulté surtout des témoignages recueillis sur la fabrication et le commerce des étoffes mélangées, c'est le profit qu'a retiré le consommateur de cette concurrence entre les deux industries rivales de Roubaix et de Bradford. Cependant le Gouvernement n'hésite pas à se prononcer, dans le Message, pour une élévation de droits de 12 à 18 pour 100 sur les étoffes mélangées de laine et de coton.

La question qui se pose ici est une des plus graves que soulève la réforme de nos tarifs.

La solution proposée par le Gouvernement montre clairement les tendances véritables de sa politique commerciale et les conséquences de la dénonciation du traité au point de vue de l'intérêt du consommateur. Jusqu'ici nous avons mis en présence d'un côté les intérêts agricoles, manufacturiers, commerciaux, qui militent en faveur du traité, de l'autre les intérêts industriels, beaucoup moins importants, qui réclament la dénonciation.

Dans la question des étoffes mélangées, un nouvel intérêt se dégage d'une façon nette et saisissante, c'est l'intérêt du public, de la masse des consommateurs, et surtout des petits consommateurs, les plus nombreux et les plus intéressants, parce que leurs besoins ne peuvent être satisfaits que par le bon marché. Il ne s'agit pas, en effet, d'objets de luxe et de fantaisie, d'étoffes de soie, de produits manufacturés plus ou moins précieux : il s'agit d'un objet de grande consommation et de première nécessité. C'est la robe de tous les jours, celle de la bourgeoise comme de l'ouvrière, le vêtement ordinaire des hommes de toutes les conditions. Le traité de commerce a amené la concurrence, et la concurrence a amené la baisse des prix et le choix des qualités.

Le fabricant anglais intervient sur notre marché dans des conditions évidemment utiles pour la masse de la population. Ce point était trop important pour ne pas être l'objet d'observations précises, échangées au cours de l'enquête.

Dans la séance du 3 juin 1870, un membre de la commission parlementaire, M. Deseilligny, député de l'Aveyron, posait la question suivante à M. La Rivière, chef de la grande maison du *Coin de Rue*, qui venait de déposer sur la fabrication et la vente des étoffes de Roubaix et de Bradford :

« M. Deseilligny. Dans la déposition des fabricants,
« nous avons souvent entendu exprimer cette opinion que
« le bon marché relatif des produits n'était pas arrivé jus-
« qu'au consommateur, qu'il n'en avait pas profité et que,
« par conséquent, les souffrances que l'industrie a éprou-
« vées n'ont pas comme compensation une économie sé-
« rieuse dans la consommation. Pouvez-vous dire à la
« commission ce qu'était la situation du consommateur
« avant le traité de commerce et ce qu'elle est aujourd'hui?
« En un mot, y a-t-il une amélioration sérieuse pour le
« consommateur, résultant de l'abaissement du prix des
« marchandises, qui a été le résultat du traité?

« M. La Rivière. Assurément, et c'est un tort si on vous
« a dit que le consommateur n'avait pas profité du rabais
« qui s'est produit. La preuve qu'il en a profité, c'est que
« nous faisons aujourd'hui trois fois le chiffre d'affaires que
« nous faisions autrefois, et que nous ne réalisons pas plus
« de bénéfices.

« M. Deseilligny. Vous êtes-vous rendu compte de l'in-
« fluence que cela peut avoir sur la vie de la famille? Avez-
« vous fait quelques statistiques sur les prix des marchan-
« dises vendues au détail, il y a un certain nombre
« d'années, et les prix actuels? Je vous demande pardon
« d'insister ainsi sur ce côté de la question ; mais, à mes
« yeux et aux yeux d'un certain nombre de membres de la
« commission, nous aurions perdu notre temps si, par tout
« ce qui a été fait depuis un certain nombre d'années, nous
« n'avions fait que déplacer l'industrie, la transporter d'un
« point à un autre, au détriment du travail français, sans

« apporter d'amélioration dans la situation du consomma-
« teur. Eh bien, actuellement une famille française trouve-
« t-elle un bon marché supérieur à celui qui existait
« en 1860?

« M. LA RIVIÈRE. Assurément; la famille de l'ouvrier est
« habillée aujourd'hui bien mieux et à meilleur compte. Au-
« paravant elle n'avait que des haillons, et pour un prix re-
« lativement modique elle peut avoir des vêtements con-
« venables. »

Cette déposition importante donne lieu à diverses observations. Un membre la conteste. D'autres demandent à M. La
Rivière si le bon marché dont il parle s'étend à tous les tissus,
et si, par exemple, la chemise de coton a baissé de prix.
M. La Rivière répond que le coton a baissé et que les tissus
communs de Rouen conservent la supériorité sur les tissus
anglais.

Le débat continue sur la déposition de M. La Rivière. On
entend successivement les observations de MM. Keller, Dalloz, Planche. Enfin M. Jules Simon prend la parole et s'ex-
prime ainsi :

« M. JULES SIMON. Je voudrais ramener la déposition de
« M. La Rivière au point sur lequel M. La Rivière est un té-
« moin parlant de son expérience personnelle et donnant
« des résultats précis de ses propres affaires. Je ne cherche
« pas à décomposer la cause de ce qui arrive et je n'entre
« pas dans la discussion des faits, mais je prie M. La Rivière
« de préciser un fait pour lequel son témoignage est consi-
« dérable. Lorsque 1 mètre d'étoffe servant à l'usage d'ha-
« billement pour les classes qui ne peuvent pas dépenser
« beaucoup pour se vêtir est livré dans les magasins de
« M. La Rivière, est-il livré à un prix plus doux qu'il y a dix

« ans? Voilà un point sur lequel M. La Rivière peut témoi-
« gner.

« M. La Rivière. Le prix est inférieur à celui de 1859.
« Il y a une différence de 10 pour 100.

« M. Dalloz. Sauf la qualité.

« M. Jules Simon. Pardon, je désire avoir une réponse
« très-claire, une réponse qui ne prête pas à l'équivoque.

« M. La Rivière. A qualité égale, nous vendons aujour-
« d'hui à 10 pour 100 de moins qu'en 1859. »

Ainsi la concurrence anglaise a amené la baisse de prix
dans la dernière période décennale. Le traité de commerce
a profité au consommateur, surtout au consommateur pauvre.

Cela est vrai pour le vêtement de coton, pour le vêtement de laine, pour les étoffes mélangées. On ne contestait
guère ce résultat dans l'enquête, mais on disait que la qualité des tissus avait diminué. On regrettait qu'un vêtement
ne pût guère durer plus d'un ou deux ans. On rappelait
qu'autrefois le même habit servait à plusieurs générations
dans la même famille.

Un grand fabricant des Ardennes, homme fort distingué
et fils d'un ancien ministre du roi Louis-Philippe, citait à ce
sujet des faits assez curieux : « Voulez-vous savoir, disait
« M. Cunin-Gridaine, ce qu'étaient les draps il y a trente
« et quarante ans? Eh bien, quand un enfant faisait sa pre-
« mière communion, on prenait l'habit de son grand-père
« pour faire son habit de première communion ; seule-
« ment on le retournait et on mettait l'envers à l'endroit. »
On voit qu'à cette époque un vêtement convenable représentait un capital très-difficile à renouveler, et qui se trans-
mettait comme un héritage. Aujourd'hui le vêtement fait
partie de la dépense annuelle des ménages. On l'achète à

bien meilleur marché, on le renouvelle plus fréquemment.

Ce résultat n'est pas dû seulement au traité de commerce; il tient aussi à un changement dans les mœurs et dans les habitudes sociales.

On pouvait voir encore, il y a une vingtaine d'années, des personnes de toute condition porter des vêtements surannés par la forme ou par la couleur. L'habit survivait longtemps au changement de la mode. Ces habitudes d'autrefois paraîtraient ridicules aujourd'hui. Même dans les plus modestes ménages, on tient à avoir des vêtements qui ne datent pas d'une autre époque. On préfère une étoffe très-ordinaire qui a le caractère de la nouveauté.

Il est facile de donner aux fabricants le conseil de s'attacher à la qualité de l'étoffe. Le conseil est excellent, mais le public ne peut pas toujours payer la qualité. Il se contente alors d'un vêtement plus modeste qui suffit à ses besoins, sans avoir la durée d'un meuble meublant.

La fabrication française avait toujours visé à la qualité; elle y avait l'avantage sur ses concurrents étrangers; elle conservera toujours cet avantage, qui tient à la supériorité du goût et de l'élégance; elle restera ce qu'elle est pour l'habillement, la pourvoyeuse des classes riches de tous les pays du monde. La question n'est pas là. Nos soieries, nos draps, nos mérinos n'ont pas cessé d'être très-recherchés. La consommation de ces belles étoffes augmente plutôt qu'elle ne diminue.

Mais il y a un consommateur nouveau qui grandit tous les jours, dont les besoins augmentent avec les progrès du bien-être et de l'aisance : c'est le petit consommateur, bien plus nombreux que le consommateur riche.

La fabrique anglaise visait à la quantité comme la fabrique

française à la qualité ; cependant, même avant le traité de commerce, on commençait à connaître les grands ateliers de production et de confection ainsi que les grands magasins de vente. Il est vrai que le traité a secondé ces tendances nouvelles et que la concurrence anglaise a contribué à les satisfaire. Les prix ont baissé. Les fabricants y ont un peu perdu, la population y a beaucoup gagné. Loin de contester ce résultat, nous en revendiquons l'honneur pour tous ceux qui ont contribué à la réforme économique de 1860. Oui, c'était la politique commerciale du Gouvernement de l'Empereur ! M. Rouher, M. Béhic et moi, nous l'avons pratiquée et défendue tour à tour au ministère du commerce, de l'agriculture et des travaux publics ; nous ne cesserons pas de la défendre.

La dénonciation du traité est le premier acte d'une politique commerciale toute différente. On dénonce le traité, non pas dans une pensée libérale, mais dans une pensée restrictive. On veut relever le droit protecteur pour écarter la concurrence anglaise qui assure le bas prix de la marchandise. On conseille à la fabrique française de s'occuper surtout de la qualité de l'étoffe et de revenir aux errements d'autrefois. On voudra persuader ensuite aux pères de famille d'acheter des habits qui puissent un jour servir à leurs enfants. On ne persuadera personne. On ne remontera pas les courants nouveaux de la production et de la consommation, mais l'on gênera tout le monde et l'on aura fait de la politique commerciale au rebours des besoins et des intérêts de notre temps.

Les observations qui précèdent s'appliquent à la fabrication du lin comme à la fabrication du coton et de la laine. Pendant la guerre d'Amérique, la disette du coton a valu à l'industrie du lin, si ancienne et si digne d'intérêt, plusieurs années prospères, pendant lesquelles elle s'était rapidement développée ; mais cette prospérité avait une cause triste et passagère ; elle a été suivie d'une réaction inévitable, lorsque le coton est venu reprendre sa place sur le marché.

La fabrique de lin nous a toujours paru avoir plutôt besoin de matière première à bas prix que d'un accroissement de protection. Ses produits sont recherchés à l'étranger. Elle fait sur la plupart des marchés de l'Europe concurrence aux produits anglais, sans protection aucune. L'exportation des tissus de lin et de chanvre a dépassé 25 millions en moyenne, chaque année, dans la période comprise entre 1866 et 1869 ; mais, en outre, le tissage du lin fournit à l'industrie de la lingerie confectionnée une partie de ses approvisionnements, et nos lingeries confectionnées trouvent au dehors des débouchés pour des sommes qui ont dépassé 100 millions dans certaines années prospères.

L'industrie du lin aura peut-être plus à souffrir des surtaxes de pavillon, qui gêneront l'approvisionnement de sa matière première, et des autres mesures restrictives qui se préparent qu'elle ne profiterait d'une augmentation de tarif nuisible au consommateur.

La dénonciation du traité de commerce ne nous semble donc pas justifiée par la situation des industries textiles qui travaillent le coton, la laine et le lin. Aucune de ces industries, envisagée dans son ensemble, n'a vu diminuer son importance ni sa production depuis 1860. Quelques établissements particuliers ont été atteints, d'autres se sont développés. L'outillage a été renouvelé et amélioré, les fabriques se sont mises au niveau de tous les progrès modernes. La concurrence qu'elles rencontrent leur impose des difficultés, mais profite à leur clientèle, c'est-à-dire à la population tout entière. La consommation a augmenté. Les prix se sont abaissés. Les affaires se sont multipliées. Les relations internationales sont devenues plus fréquentes et plus fructueuses.

Mais, dit-on, la France est inondée par les filés anglais et par les tissus mélangés de Bradford. L'importation s'élève à 40 ou 50 millions, il faut l'arrêter à tout prix. Que feraient donc les Anglais s'ils raisonnaient comme nous ? Nous leur envoyons pour 200 millions de soieries, pour 66 millions de tissus de laine, draps, mérinos, étoffes mélangées ; nous leur envoyons des tissus de coton, surtout des tissus imprimés, pour 8 millions, des tissus de lin et des lingeries confectionnées pour 12 millions. Cela fait un total de 286 millions, rien que pour les industries textiles !

En face de cette exportation en Angleterre des tissus d'origine française, plaçons l'importation en France des tissus d'origine anglaise et faisons la comparaison :

L'Angleterre nous envoie 6 millions de tissus de soie, 52 millions de fils et tissus de laine ou laine mélangée, 16 millions de fils et tissus de coton, 10 millions de fils et tissus de poil de chèvre, 16 millions de fils et tissus de lin ou de chanvre, en tout 100 millions.

Ainsi les industries textiles d'Angleterre nous fournissent 100 millions de produits destinés en général à la consommation du pauvre ; nous leur envoyons 286 millions d'étoffes destinées à la consommation du riche.

Et c'est la France qui demande la dénonciation du traité !

M. Gladstone résiste aux plaintes des fabricants de soie de Coventry. Il ne propose pas de protéger les lainages unis ni les tissus imprimés de coton. Il ne se laisse pas dominer par les intérêts d'un comité, d'une ville ou d'une fabrique; il défend les intérêts généraux de l'Angleterre.

Combien d'autres industries anglaises auraient encore à se plaindre, si M. Gladstone était homme à les écouter! En effet, toutes les industries parisiennes semblent se donner rendez-vous sur le marché de Londres. Les ateliers du faubourg Saint-Antoine, du faubourg Montmartre, du Marais et de la Chaussée-d'Antin, des quartiers les plus pauvres comme les plus riches, reçoivent sans cesse des commandes parties des bords de la Tamise, du Strand et de Piccadilly. Il en arrive chaque année pour plus de 120 millions. Si on en veut le compte, il est facile à établir; il suffit d'ouvrir le livre de la douane française. On y trouvera que nous envoyons en Angleterre, chaque année, des ouvrages de toute espèce en peau et en cuir : la ganterie, la sellerie, les cuirs de chaussures, pour 45 millions; la mercerie et les boutons pour 44 millions; les articles de mode et les fleurs artificielles pour 12 millions; les bronzes d'art, pendules et horlogerie, pour 10 millions ; enfin les meubles en bois, la bimbeloterie et bien d'autres articles divers, pour 9 millions. Ce n'est rien moins que 120 millions d'objets de luxe ou de fantaisie, de toilette ou d'ameublement, dans lesquels la main-d'œuvre joue le principal rôle et où les bénéfices profitent surtout au travail et aux salaires. M. Gladstone supporte patiemment ces préférences antinationales de ses compatriotes pour les produits français! Il méconnaît à ce point l'intérêt des fabriques et des ouvriers de son pays! Il n'a pas même pour excuse de pouvoir répondre qu'il s'agit des objets de première nécessité, destinés à garantir le pauvre contre les intempéries des saisons. Non, il s'agit de produits de luxe, qui vont satisfaire les goûts ou les fantaisies de la population élégante, des dandies de Hyde-park ou de Regent-street.

Mais si M. Gladstone sacrifie ainsi toutes les industries élégantes de son pays, au moins il protége son agriculture? Pas davantage. Il permet à la France d'importer en Angleterre pour 300 millions de produits agricoles. Les navires anglais et français apportent librement, chaque année, sur les côtes de la Grande-Bretagne des vins et des eaux-de-vie de France pour 95 millions, des bestiaux et des volailles, des œufs et du beurre pour 108 millions, des fruits de table, frais, secs ou confits, pour 55 millions, des céréales, orges, avoines, farines, sans parler des années de disette, pour 25 millions, enfin pour plus de 10 millions de produits divers. Comment expliquer cet abandon des plus chers intérêts des fermiers de la Grande-Bretagne?

Il faut que M. Gladstone ait de bien bonnes raisons pour résister à tant d'intérêts plus ou moins froissés par l'importation française. Je ne lui en connais guère qu'une seule : c'est de développer la prospérité générale de son pays, en facilitant les échanges internationaux. C'est la raison de principe dont parle le Message du 7 décembre. M. Gladstone l'oppose à ses compatriotes, comme il l'oppose aux négociateurs français qui se plaignent de l'importation de 6 millions de cotons filés et de 40 millions d'étoffes mélangées.

La raison est bonne ou mauvaise. Tout est là. Le gouvernement français la trouve mauvaise. Il préfère la politique commerciale d'autrefois, les droits sur les matières premières, les droits protecteurs équivalents à la prohibition, les taxes et les surtaxes. Il faut travailler pour soi, vivre chez soi, garder son marché pour soi, ne pas convoiter celui des autres, et se contenter d'envoyer en Angeterre une centaine de millions de produits français, comme il y a vingt ans. On ne voyait pas alors les tissus de Bradford s'étaler sur les boulevards de Paris, et les jours de grandes fêtes les petits enfants portaient avec orgueil les habits de leur grand-père !

Cette politique commerciale nous conduit tout droit à la dénonciation du traité de commerce.

Comment espérer, en effet, que M. Gladstone, qui refuse obstinément de protéger les fabricants de Coventry, les industriels de Londres et les fermiers des comtés d'Angleterre, puisse consentir à accorder, sans compensation aucune pour son pays, un supplément de protection aux fabricants de Rouen et de Roubaix ? Je sais bien que la raison de principe de M. Gladstone ne convaincra jamais les protectionnistes, ni en France ni en Angleterre ; mais je la crois bonne pour les deux pays, je la crois nécessaire à leur prospérité, et j'élèverai la voix jusqu'à la dernière heure pour combattre la dénonciation du traité de commerce de 1860.

# TROISIÈME PARTIE

CONCLUSIONS.

C'est dans le maintien du traité que se trouve la seule garantie efficace qui puisse assurer, d'une manière durable et progressive, les débouchés devenus nécessaires à toutes les richesses de notre sol, et surtout à nos vins, à nos eaux-de-vie et aux abondants produits de nos vergers et de nos fermes.

L'industrie de Paris, de Lyon, de Saint-Etienne a le plus grand intérêt à conserver la franchise absolue sur les marchés britanniques. Le commerce de Bordeaux, de Marseille, de Montpellier, de Cette, de la Rochelle, de Dijon, de Reims, des villes de l'intérieur aussi bien que des ports, a besoin de conserver toutes les sources de la prospérité passée.

Comment payer nos dettes à l'étranger si nous diminuons la masse de nos échanges avec l'Angleterre et les pays voisins? Jamais nos exportations ne furent plus nécessaires. L'Assemblée nationale, où tous les intérêts du pays sont représentés, ne permettra pas que le traité soit dénoncé et que cette faute inutile s'ajoute à tant de malheurs !

Faut-il en conclure que le traité de commerce soit une œuvre parfaite, qui ne comporte aucune modification? Telle n'est pas notre pensée. Dix années d'expérience ont pu révéler l'utilité de certains remaniements de tarifs. Il peut convenir de proposer des mesures nouvelles, soit pour assurer la sincérité des déclarations en douane, soit pour convertir des taxes *ad valorem* en droits spécifiques. Certains tarifs peuvent être simplifiés. Nous ne sommes pas de ceux qui croient que les augmentations de droits protecteurs soit nécessaires, encore moins urgentes. Mais si le Gouvernement considère que certaines augmentations de taxe soient réclamées avec une extrême ardeur et recommandées par quelques raisons plausibles, il peut continuer à négocier, sans dénoncer le traité de commerce, sans indisposer l'Angleterre par une manifestation aussi fâcheuse qu'inopportune, sans nous exposer à des représailles funestes à nos intérêts.

Mais, pour que les négociations puissent réussir, il est nécessaire qu'elles ne soient point conduites dans un esprit contraire à celui qui a inspiré le traité de 1860. Il faut se placer au point de vue des intérêts généraux du pays ; il faut proposer des combinaisons qui, en favorisant les échanges internationaux, présentent une certaine réciprocité d'avantages et soient réellement compatibles avec l'intérêt légitime des deux parties contractantes.

L'examen de ces combinaisons, non-seulement possibles, mais à mes yeux faciles, appartient au Gouvernement et à l'Assemblée nationale. Il ne conviendrait pas d'entrer ici dans des développements qui dépasseraient les bornes de ce travail. Je me bornerai donc à quelques explications sommaires.

Depuis le décret du 10 janvier 1870, qui a restreint l'admission temporaire des fers étrangers, et qui a supprimé le trafic des acquits-à-caution, les droits sur les fers doivent être nécessairement abaissés dans l'intérêt général du pays.

Plusieurs maîtres de forges l'ont reconnu eux-mêmes dans les enquêtes administratives qui eurent lieu en 1866 et 1867 sur les admissions temporaires.

Ces enquêtes ont été imprimées; on y trouvera l'aveu explicite que si les facilités accordées aux importations temporaires étaient supprimées, le tarif de fers en barre pouvait être abaissé de 10 et même de 20 francs par tonne.

En effet, le droit établi par le traité de commerce n'est pas moindre de 30 pour 100 sur les fers de grande consommation. Il s'élève à 60 francs pour 1 tonne de fer, qui se vend 150 à 160 francs. En ajoutant au droit les frais de transport d'un port anglais à un port français, qui sont de 10, 12 et 15 francs, on voit que les fers anglais, pour arriver à Nantes, à Bordeaux, à Marseille, supportent un ensemble de frais qui s'élève jusqu'à 70, 72, 75 francs par tonne.

Nous savons parfaitement que le Gouvernement n'entend pas rapporter le décret du 10 janvier 1870 et rétablir les admissions temporaires telles qu'elles ont existé pendant dix ans. Avec les admissions temporaires, le droit de 60 francs par tonne était supportable; aujourd'hui il est excessif. La France a besoin de fers communs à bon marché; elle ne peut pas plus se passer de fer que de bois, de houille ou de pierre. Partout l'emploi du fer se généralise : on bâtit les maisons avec des piliers et des charpentes en fer; on construit des navires en fer. L'agriculture a abandonné les charrues en bois pour les charrues en fer. Les viticulteurs emploient le fer pour leurs pressoirs, pour les cercles de leurs cuves et de leurs barriques ; les machines agricoles en fer remplacent la main-d'œuvre devenue trop coûteuse pour battre le blé, couper les racines et faciliter tous les travaux de la ferme. Les champs de vigne se couvrent d'un immense réseau de fils de fer substitués aux perches en bois, L'industrie n'emploie plus que des machines en fer pour fabriquer la laine, le coton, le lin, le sucre, les alcools.

La France agricole, industrielle, commerciale ne saurait supporter qu'un produit nécessaire, que le fer soit grevé d'un droit de douane de 60 francs par tonne.

On ne peut sacrifier tant d'intérêts pour satisfaire, non les grands maîtres de forges qui n'en ont pas besoin, mais un petit nombre de maîtres de forges qui fabriquent le fer dans des conditions médiocres ou mauvaises.

Ce que nous disons des fers est également vrai de la fonte brute, destinée soit à l'affinage, soit au moulage. Tout le littoral de la France, de Dunkerque à Marseille, réclame l'abaissement des droits sur la fonte, qui sont relativement presque aussi élevés que le droit sur les fers.

Les ateliers de construction établis à Lille, à Nantes, à Bordeaux ou sur les bords de la Méditerranée ne peuvent subsister qu'avec le concours de la fonte anglaise.

Tous ces ateliers profitaient des admissions temporaires de fers étrangers ; aujourd'hui leurs approvisionnements de fonte sont compromis, leur situation est devenue critique.

La réduction ou la suppression des droits sur les houilles d'Angleterre et de Belgique a été demandée avec instance par la plupart des industriels, sinon par tous, dans l'enquête de 1870.

Les houilles françaises n'ont aucun besoin de protection et n'oseraient même pas en réclamer pour un produit si nécessaire, qu'on l'a appelé *le pain de l'industrie*.

Mais on se retranche derrière des raisons financières. Le

droit sur la houille rapporte au trésor une dizaine de millions.

Nous reconnaissons que cette ressource a sa valeur, mais le trésor perdra bien plus encore à la dénonciation du traité.

Il y a donc, pour le tarif des houilles comme pour le tarif des fontes et du fer, un élément sérieux de négociation avec l'Angleterre.

Mais le tarif du coton lui-même comporte certaines modifications indispensables dans l'intérêt de plusieurs industries importantes.

Les fabricants de tulle et de mousseline de Calais, Saint-Pierre-les-Calais et Tarare, entendus dans l'enquête de 1870, ont exposé que, pour leur industrie si élégante et si française, ils ne pouvaient se passer des fils anglais de numéros élevés. Ils ont expliqué que le climat humide de l'Angleterre convenait mieux pour obtenir la torsion excessive du fil de coton destiné à leur délicate fabrication.

Ils s'approvisionnent presque exclusivement en Angleterre, en payant des droits qui s'élèvent jusqu'à 300 et 400 francs les 100 kilogrammes. Pourquoi ce tarif?... Il n'a aucun intérêt fiscal. A-t-il sérieusement pour but de protéger quelques rares fabriques qui, depuis cinquante ans, sont impuissantes à approvisionner Tarare. Ces fabriques peuvent facilement aujourd'hui profiter de la clientèle que leur laisse la perte de l'Alsace. Elles ne souffriront même pas d'une modification de tarif très-utile à l'industrie des tulles et de la mousseline. D'après l'enquête, cette industrie donne du travail à cinquante mille ouvriers disséminés dans la campagne et dont le temps se partage entre l'agriculture et le tissage.

Ainsi, même pour le tarif du coton, on peut offrir des compensations à l'Angleterre, dans le cas où le gouvernement attacherait une importance extrême à augmenter la protection de la filature normande.

Nous nous bornerons à citer ces exemples pour montrer combien il est facile de continuer une négociation avec l'Angleterre sur la base des concessions réciproques. Chacune de ces concessions est commandée avant tout par l'intérêt de la France ; une politique commerciale éclairée devrait en prendre spontanément l'initiative dans nos tarifs.

Nous avons indiqué les raisons économiques de tout genre qui s'opposent à la dénonciation du traité de commerce : intérêt agricole, intérêt des principales industries, intérêt de commerce général, intérêt des consommateurs. Nous n'avons rien dit de l'intérêt politique. Nous avons voulu que ce travail conservât exclusivement un caractère économique.

Cependant il est impossible, avant de terminer cette défense convaincue du traité de commerce avec l'Angleterre, de ne pas montrer en quelques mots les conséquences politiques de la dénonciation.

Que de fois, lorsque nous avions l'occasion de discuter, presque chaque année, les questions diverses que soulevait le traité de commerce, nous avons entendu soutenir que ce traité était une concession faite à l'Angleterre ! Le Gouvernement de l'Empereur, disait-on, avait sacrifié les intérêts industriels de la France à des intérêts politiques.

Nous combattions ces idées, nous rappelions que le traité de commerce avait été signé à une époque où l'Empereur, populaire à l'intérieur, était victorieux au dehors. Après la guerre de Crimée, le Gouvernement n'avait pas besoin de donner à l'Angleterre de nouveaux gages d'amitié. Mais aujourd'hui que la France est vaincue, comment s'expliquer que les mêmes hommes qui voyaient dans le traité de commerce une concession politique faite à l'Angleterre puissent trouver le moment opportun pour retirer cette concession qu'ils jugeaient autrefois si importante?

Non, l'intérêt politique ne fut pas le mobile du traité de 1860. Mais il n'est pas douteux qu'il a eu pour résultat, depuis dix ans, de rendre plus étroites et plus fructueuses les relations des deux pays, si voisins l'un de l'autre, si avancés dans les arts et dans tous les progrès de l'industrie moderne. Que d'intérêts vont se trouver atteints, directement ou indirectement, des deux côtés de la Manche! Quel trouble dans les habitudes, les affaires, les relations! Qui peut dire jusqu'à quel point sera compromise cette solidarité d'intérêts commerciaux, agricoles, industriels, financiers?

Et ce qui est vrai de l'Angleterre s'applique également à nos voisins de Belgique, de Suisse et d'Italie. Les traités qui nous unissent à eux vont être également dénoncés. Le Message ne prend même pas la peine de nous laisser d'illusion sur ce point. Il annonce que le traité avec la Belgique, qui est arrivé à son terme, sera dénoncé comme le traité avec l'Angleterre. Viendra ensuite le tour de la Suisse, puis de l'Autriche et de l'Italie. Telle est la conséquence nécessaire de la dénonciation du premier traité.

La Belgique, la Suisse, l'Italie ne peuvent jouir de tarifs de faveur sans créer à l'Angleterre les plus sérieux griefs et sans lui fournir en même temps des moyens de faire pénétrer ses produits par les frontières belge, suisse ou italienne.

Ainsi tous les traités conclus depuis 1860 sont à la veille

de disparaître ; toutes nos relations avec nos voisins vont être bouleversées.

Tout le commerce extérieur de la France est livré à l'imprévu d'une situation nouvelle, au moment où, plus que jamais, nous avons besoin d'exporter nos produits pour acquitter nos dettes. Le numéraire commence déjà à nous manquer. Ce n'est pas avec du papier que nous pouvons payer, mais avec des marchandises. Et c'est le moment que nous choisirions pour déchirer nos traités de commerce !

En donnant les raisons qui nous déterminent à combattre la polique commerciale que le Gouvernement propose à l'Assemblée, nous restons fidèle à d'anciennes convictions ; mais on nous rendra cette justice, que nous avons cherché à défendre des intérêts généraux, en dehors de tout esprit de parti.

J'ai servi l'Empire, et je ne suis pas de ceux qui désavouent leur passé, mais je ne cherche pas les discussions inutiles qui peuvent diviser le parti conservateur. J'aurais désiré qu'on ajournât des propositions qui n'ont aucun caractère d'urgence.

Je m'adresse à tous les partis, sans me dissimuler que, dans le passé, ils n'ont pas tous été favorables à la liberté du commerce.

Elle n'a pas prévalu sous la Restauration et la Monarchie de 1830, malgré les efforts de quelques hommes d'Etat éminents. Le commerce extérieur de la France n'a pas eu, pendant cette période, tout son développement, bien que ces gouvernements conservateurs aient donné au pays des années d'ordre et de prospérité.

La République a fait la faute de ne jamais affirmer nettement une politique libérale en matière économique. Elle a paru trop souvent subir l'influence des tristes systèmes qui s'affichent encore aujourd'hui sous le nom de *socialisme* et de *communisme*. Ce ne sont pas des doctrines économiques, ce sont des formes nouvelles d'une tyrannie dont le monde n'aurait pas encore vu d'exemple. La crainte seule du triomphe passager de ces doctrines fait succéder la misère générale à l'activité féconde du travail et des affaires.

Le développement progressif de la liberté du commerce a enrichi la France pendant dix années. Nous lui avons dû de pouvoir payer 2 milliards après une guerre malheureuse. Je ne puis voir sans un profond regret le Gouvernement s'éloigner de cette politique commerciale et tarir la source de nos richesses, au moment où la fortune publique est devenue la condition de notre indépendance nationale.

# COMMERCE SPÉCIAL

DE

# LA FRANCE AVEC L'ANGLETERRE

## DE 1827 A 1869

(Valeurs exprimées en millions de francs.)

| ANNÉES. | Importations. | Exportations. | TOTAL. | ANNÉES. | Importations. | Exportations. | TOTAL. |
|---|---|---|---|---|---|---|---|
| 1827... | 13.7 | 58.9 | 72.6 | 1849... | 60.3 | 209.1 | 269.4 |
| 1828... | 16.0 | 78.4 | 94.4 | 1850... | 73.3 | 238.8 | 312.1 |
| 1829... | 19.8 | 61.2 | 81.0 | 1851... | 69.1 | 293.3 | 362.4 |
| 1830... | 16.1 | 64.0 | 80.1 | 1852... | 93.7 | 296.1 | 389.8 |
| 1831... | 12.2 | 67.3 | 79.5 | 1853... | 105.8 | 426.4 | 532.2 |
| 1832... | 27.7 | 67.4 | 95.1 | 1854... | 149.0 | 356.4 | 505.4 |
| 1833... | 22.4 | 67.9 | 90.3 | 1855... | 278.2 | 307.4 | 585.6 |
| 1834... | 27.1 | 62.4 | 89.5 | 1856... | 336.5 | 372.2 | 708.7 |
| 1835... | 31.6 | 59.7 | 91.3 | 1857... | 321.6 | 386.7 | 708.3 |
| 1836... | 35.3 | 66.0 | 101.3 | 1858... | 261.6 | 426.1 | 687.7 |
| 1837... | 48.0 | 63.0 | 111.0 | 1859... | 278.2 | 591.3 | 869.5 |
| 1838... | 64.0 | 87.0 | 151.0 | 1860... | 239.7 | 598.9 | 838.6 |
| 1839... | 63.2 | 106.9 | 170.1 | 1861... | 438.1 | 456.4 | 894.5 |
| 1840... | 74.0 | 105.9 | 179.9 | 1862... | 527.7 | 619.5 | 1,147.2 |
| 1841... | 101.9 | 107.5 | 209.4 | 1863... | 592.6 | 799.6 | 1,392.2 |
| 1842... | 112.2 | 92.4 | 204.6 | 1864... | 567.2 | 891.1 | 1,458.3 |
| 1843... | 86.0 | 87.2 | 173.2 | 1865... | 599.7 | 900.6 | 1,590.3 |
| 1844... | 91.0 | 99.2 | 190.2 | 1866... | 652.9 | 1,153.3 | 1,805.2 |
| 1845... | 84.6 | 109.9 | 194.5 | 1867... | 568.1 | 907.0 | 1,475.1 |
| 1846... | 79.3 | 113.0 | 192.3 | 1868... | 579.4 | 878.4 | 1,457.8 |
| 1847... | 72.4 | 116.8 | 189.2 | 1869... | 551.3 | 909.5 | 1,460.8 |
| 1848... | 30.9 | 180.7 | 211.6 | | | | |

Nota. — Le commerce général de la France avec l'Angleterre, comprenant les marchandises de transit et d'entrepôt, a atteint en moyenne un milliard huit cent trente millions pendant chacune des années 1867, 1868, 1869.

# TABLE DES MATIÈRES



## PREMIÈRE PARTIE



## DEUXIÈME PARTIE



## TROISIÈME PARTIE



Paris. — Typographie A. HENNUYER, rue du Boulevard, 7.